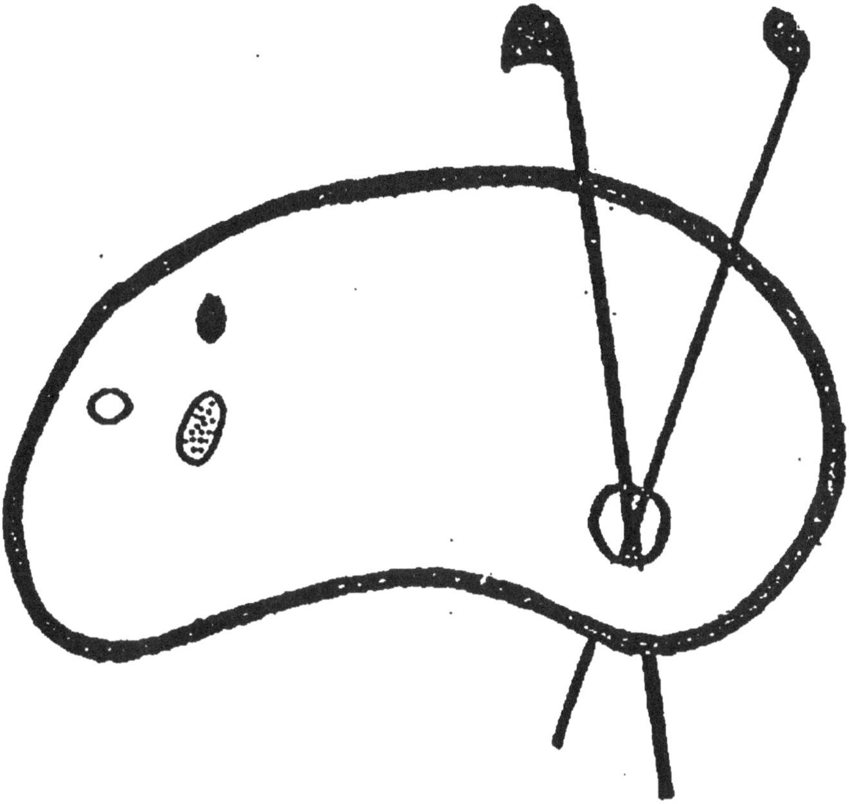

COUVERTURE SUPERIEURE ET INFERIEURE
EN COULEUR

RÉPUBLIQUE FRANÇAISE

LIBERTÉ — ÉGALITÉ — FRATERNITÉ

ÉDUCATION NATIONALE

Avant et Après 1789

PAR

ALEXANDRE LECHERBONNIER

MAIRE D'ISSOUDUN

« Les mains de l'enfant studieux applaudissent Lesseps ; tandis que ses vœux accompagnent comme un gracieux présage de succès les travaux de cet hercule républicain qui explore le globe dans tous ses plis, réunit les mers, rapproche les hommes, fond leurs intérêts, adoucit les mœurs et prepare l'ère de la fraternité des nations. »

Page 8 du discours aux collégiens.

« Nous considérons qu'en matière d'éducation, ainsi que dans beaucoup d'autres cas, nous devons donner le pas aux femmes sur les hommes D'ailleurs comment voulez-vous que dès le premier jour les hommes soient mis dans la bonne voie, si les mères de famille sont elles-mêmes dans la mauvaise ? »

Page 49 du discours aux filles des écoles laïques.

« Il est donc avéré par ce document ineffaçable que la Providence s'est servie de l'intermédiaire des bonnes religieuses d'Issoudun pour rappeler aux édiles les principes que le Comité de salut public fit adopter par la Convention nationale en matière d'éducation civique. »

Page 63 du discours aux filles des écoles laïques.

1883

PRIX : 1 FRANC

Le produit de la vente sera versé à la caisse des enfants pauvres des écoles laïques de la ville d'Issoudun.

ISSOUDUN

TYPOGRAPHIE ET LITHOGRAPHIE EUGÈNE MOTTE

1883

ÉDUCATION NATIONALE

Avant et Après 1789

PAR

ALEXANDRE LECHERBONNIER

MAIRE D'ISSOUDUN

« Les mains de l'enfant studieux applaudissent Lesseps ; tandis que ses vœux accompagnent comme un gracieux présage de succès les travaux de cet hercule républicain qui explore le globe dans tous ses plis, réunit les mers, rapproche les hommes, fond leurs intérêts, adoucit les mœurs et prépare l'ère de la fraternité des nations. »

Page 8 du discours aux collégiens.

« Nous considérons qu'en matière d'éducation, ainsi que dans beaucoup d'autres cas, nous devons donner le pas aux femmes sur les hommes. D'ailleurs comment voulez-vous que dès le premier jour les hommes soient mis dans la bonne voie, si les mères de famille sont elles-mêmes dans la mauvaise ? »

Page   du discours aux filles des écoles laïques.

« Il est donc avéré par ce document ineffaçable que la Providence s'est servie de l'intermédiaire des bonnes religieuses d'Issoudun pour rappeler aux édiles les principes que le Comité de salut public fit adopter par la Convention nationale en matière d'éducation civique. »

Page   du discours aux filles des écoles laïques.

1883

PRIX : **1** FRANC

Le produit de la vente sera versé à la caisse des enfants pauvres des écoles laïques de la ville d'Issoudun.

ISSOUDUN

TYPOGRAPHIE ET LITHOGRAPHIE EUGÈNE MOTTE

1883

Discours aux Collégiens

Dans le langage harmonieux des poètes, l'exis·
tence humaine est souvent comparée aux navires
qui sillonnent les mers. La vie est un voyage, et,
lorsque après avoir traversé de nombreux écueils, le
voyageur revoit dans ses lointains souvenirs les
tempêtes qui engloutissaient la République et je-
taient hors du sol de la patrie les défenseurs de ses
lois, il est doux de fixer sa tente sur un rivage à
l'abri des pirates de la conscience humaine.

Il est doux d'assister à une fête qui témoigne,
comme celle-ci, que les tempêtes sont passées et que
les libertés civiques ont reconquis leur place légitime
au sein de la nation. Il est doux enfin de faire entendre ces paroles qui vont au cœur des patriotes
comme un délicieux concert : « heureux le peuple
qui célèbre ses victoires sur l'ignorance. »

L'ignorance ? c'est la mer des écueils et des tem·
pêtes. L'instruction ? c'est le port où l'on respire les
parfums de la sagesse populaire. Là, au milieu de
citoyens inaccessibles aux entreprises de la chouan·
nerie, l'homme de paix se berce des plus séduisantes
espérances nationales. Il pense : la vertu n'est pas

DEBUT DE PAGINATION

un vain mot. Le Progrès n'est pas une chimère, il éclaire et les superstitions s'évanouissent; il marche et la misère recule.

Mais il ne suffit pas de faire reculer la misère, il faut la tuer sans retour. La science qui n'aurait pas ce but serait un ornement futile et dangereux. « Le « vol n'est pour l'ordinaire que le crime de la misère « et du désespoir, dit le marquis de Beccaria qui « ajoute, voulez-vous prévenir les crimes ? que « la liberté marche éclairée par le flambeau de la « science. »

Nous possédons la liberté et les écoles, selon le vœu philanthrophique de Beccaria : c'est pourquoi nous voyons d'année en année les fêtes de l'instruction devenir plus belles et plus intéressantes. Ah ! c'est que la population qui entoure ces solennités de sa présence sympathique sait bien qu'elles sont la force des citoyens de l'avenir.

Elle sait que la République Française avait décrété les fêtes nationales aux lettres, aux sciences, à la poésie. Ces réunions devaient avoir un caractère moral et politique, afin d'inspirer aux citoyens les sentiments qui ennoblissent les âmes et font le charme de la vie humaine. *A l'amour de la Patrie ; au bonheur des époux ; à la piété filiale; à la bienfaisance; à la nature.* » Le véritable prêtre de Dieu, disait un célèbre conventionnel, c'est la nature ; son culte, c'est la vertu ; ses fêtes, la joie d'un grand peuple rassemblé sous ses yeux pour resserrer les doux nœuds de la Fraternité. »

Avant la proclamation de la République française, l'instruction n'apparaissait que comme l'humble servante du glaive royal. Le peuple courbé sous le joug de l'ignorance et de la misère ne pouvait soupçonner que l'instruction serait un jour l'instrument de sa fortune, de son indépendance et de son repos.

Mais la République est venue : elle a vaincu. Elle est souveraine, et elle songe plus que jamais à porter son influence partout où son influence sera nécessaire à la propagation de ses doctrines humanitaires. C'est surtout à l'enfance qu'elle offre ses meilleurs fruits et son plus pur froment. Voilà ce que votre présence ici, mesdames et messieurs, exprime avec une éloquence dont ma voix est une bien faible expression.

C'est aussi ce que vous avez compris, jeunes élèves, le jour où vous avez fréquenté le Collége. La vérité, sublime lumière, vous est apparue comme un soleil printannier qui se montre à l'aubépine en fleurs. Vous vous êtes sentis transformés ; c'était une nouvelle vie et comme une nouvelle délivrance.

L'homme rampe sur une terre enveloppée des brouillards de l'ignorance. L'enfant qui lit revêt des ailes et voyage à travers les espaces. Sa pensée, plus rapide que le vol de l'hirondelle, le transporte à son gré des steppes glacés de la Russie vers le ciel qui voit naître et grandir les verts palmiers de l'Afrique au climat de feu.

Il n'existe pas d'obstacles à sa jeune et vive curiosité, et, sans quitter son foyer, il admire les merveilles de la nature, ainsi que les chefs-d'œuvre créés par le génie des peuples. Il enchaîne la vapeur avec Denis Papin. Avec Ampère et Morse, il fait de l'électricité son esclave.

Les mains de l'enfant studieux applaudissent Lesseps ; tandis que ses vœux accompagnent, comme un gracieux présage de succès, les travaux de cet hercule républicain qui explore le globe dans tous ses plis, réunit les mers, rapproche les hommes, fond leurs intérêts, adoucit les mœurs et prépare l'ère de la fraternité des nations.

Certains esprits imbus des préjugés de l'astucieuse monarchie, s'élèvent avec aigreur contre les citoyens qui, à l'occasion d'une fête scolaire, veulent faire connaître la vérité aux écoliers. Ils n'entendent pas qu'on leur parle des vertus civiques. Le mot lui-même devrait être banni de l'académie comme un mot qui blesse la pudeur des lettres. Cependant, qui dit vertu dit virilité, sagesse, générosité, force, non la force brutale qui fait couler les larmes et le sang pour ne laisser que des ruines, mais la force intelligente et féconde qui embellit le foyer des citoyens.

Ils ne veulent pas qu'on parle à la jeunesse de l'histoire politique de sa patrie, ni de ses héros populaires, et surtout de garder un profond silence sur l'égalité républicaine. On sait que les évêques et les princes sont humbles et doux. Leur candeur est sans exemple.

Il ne faut pas dire aux enfants ce qu'étaient leurs aïeux, car en leur rappelant les hontes et les douleurs de l'ancien régime, on leur apprend que la République était nécessaire, on la justifie, et cela est un sacrilége aux yeux des ducs et des chanoines; les rois sont des saints, ne touchons pas aux rois. Telle est la consigne de ces professeurs discrets.

A les entendre, sous le règne des rois et des papes, dont cependant plus d'un descendait de quelque porteur de *rogaton et de coustret*, dit Rabelais, le peuple français s'endormait sur des lits de roses. La joie et l'amitié régnaient sans partage à la ville et aux champs. Le pain quotidien était distribué avec une part égale dans le palais comme dans la chaumière, et, si parfois la maladie venait à terrasser quelque malheureux paysan, la présence du roi suffisait pour obtenir des guérisons instantanées. Les astrologues, en plongeant leurs lorgnettes vers les étoiles, prédisaient les destinées des peuples.

Les colombes descendaient du ciel en tenant des fioles d'huile fine que les évêques (véritables parfumeurs des princes) versaient sur les chevelures royales, ainsi qu'on l'a vu dernièrement au sacre impérial de Moscou. C'était le temps des merveilles.

Le culte de la science et l'amour de la patrie sont de dangereuses erreurs, s'ils n'ont pas été sanctifiés dans les mosquées de Constantinople ou dans le temple de la Minerve de Rome (aujourd'hui église Santa Maria, illustrée par Pie IX, de joyeuse mémoire). Voilà toute la morale de la royauté divine.

Nous admettons volontiers que d'aimables conteurs chevauchent à travers les rêves les plus fantastiques ou qu'ils bercent doucement les hommes avec la poésie religieuse, si poésie il y a. Mais nous n'admettons pas que cette poésie soit au service officiel de spéculations mercantiles. La vérité et la raison doivent être nos seuls guides. L'homme n'est rien que par la vérité : c'est par elle que nous aurons la force de fuir le mal et de faire le bien. Hors la vérité, il n'existe ni union ni patrie. Il y a un troupeau de sujets plus ou moins bien disciplinés, mais il n'y a pas de citoyens.

Voilà ce qui avait été bien compris par les fondateurs de la République Française, ainsi que nous le disions à la distribution des prix de l'école communale laïque des garçons, le 14 août 1878. « *Dans leur sollicitude pour l'avenir de leurs fils, nos aïeux décrétèrent que la République était une, indivisible, et que l'éducation nationale devait se rapporter à ce centre d'unité. Telle est, ajoutions-nous, l'origine des écoles communales primaires laïques.* »

Cette inoffensive assertion parut aux yeux d'un publiciste chatouilleux l'occasion d'élever la voix avec une apparence de caractère officiel. Il publia un petit livre intitulé « *Une singulière leçon d'histoire* » dans lequel il dénonça les dangers que font courir à la société les discours de M. Lecherbonnier, maire d'Issoudun, ainsi qu'on peut s'en convaincre par ce passage dépourvu de fard : « Le Maire d'Is-« soudun est dans l'erreur et le mensonge quand il « enseigne aux écoliers de la ville d'Issoudun que « l'origine des écoles primaires ne remonte pas au « delà de l'an II. »

Si ce petit livre, dans lequel l'auteur a mis tout ce qu'il possédait d'habileté, était l'œuvre d'un simple artiste, nous n'aurions pas songé à relever son apostrophe passionnée. Mais ce publiciste distingué remplissait les fonctions d'inspecteur à l'Académie de Poitiers. Il appartenait à cette grande famille dont les membres se font un devoir d'être prudents et courtois, même lorsqu'ils ont la prétention d'enseigner l'histoire et de réfuter les erreurs d'un maire républicain.

Jugez combien notre surprise fut grande de voir un inspecteur qui ne connaissait ni l'esprit ni la lettre des décrets qui avaient donné naissance à l'Ecole Normale, à l'Institut de France, et enfin à tout ce qui constitue le plus palpable de nos richesses intellectuelles. Les Lequinio, Bouquier, Lanthenas, Grégoire, Robespierre, Lepelletier de St-Fargeau, Romme, Danton, Barère, Tayllerand, Daunou, Condorcet, Lakanal, Chénier et cent autres pères de la patrie ne seraient que de farouches et vulgaires législateurs, au dire de l'éminent M. Fayet.

Eh, quoi ! un siècle après la Déclaration des Droits de l'homme, nous aurions encore des instituteurs assez peu perspicaces pour ne pas comprendre le magnifique élan donné par la Constituante de 1791, et qui, depuis ce jour, descend de ville en ville et a gagné jusqu'à nos hameaux les plus reculés.

Ces éphémères voudraient faire passer en légende que la République fut uniquement le règne tumultueux auquel ils ont donné le nom de *terreur*, et qui, en effet, fut par excellence la terreur de l'ignorance dogmatique.

Mais convient-il bien à un membre de l'instruction de glorifier les régimes qui brûlaient Jeanne Darc à Rouen et Etienne Dolet à Paris ; menaçaient de

purifier Rabelais par les flammes, et égorgeaient
Denis Du Jon, dont ils donnaient le corps en pâture
aux chiens dans les rues d'Issoudun, avec défense
d'inhumer ses lambeaux épars ; massacraient deux
cent mille français sous le patronage de Saint-
Barthélemy ; torturaient Galilée dans les cachots du
Vatican, par ordre du très-saint Père le Pape ?...Non,
cela ne se pourrait croire, si cela n'était pas contenu
dans un petit livre imprimé à Châteauroux et ré-
pandù à profusion dans la ville d'Issoudun en 1878.
Ce qui est un grand honneur pour les lettres berri-
chonnes.

Ne déplaise à M. l'Inspecteur, nous ne consenti-
rons jamais à voir des écoles communales ayant
quelque analogie sérieuse avec nos écoles modernes
dans ces rares maisons d'éducation que tenaient
jadis de bons religieux qui, pour mieux inculquer
la crainte de Dieu et l'amour du catéchisme, sui-
vaient eux-mêmes les traditions les moins chré-
tiennes. Vos écoles primitives, M. l'inspecteur res-
semblent à nos écoles républicaines comme l'enfant
qui débute dans la vie chargé des infirmités de son
âge ressemble à Apollon.

Si nous voulons les connaître, examinons de près
les coutumes scolaires dont la perte fait verser tant
de larmes aux crocodiles. Entrons à la bibliothèque
de la ville d'Issoudun et compulsons les œuvres de

Pierre Guenois, né à Issoudun en 1520. Homme
profond et laborieux, d'une érudition immense, il
honora par ses travaux l'Université de Bourges et
fut un des plus savants jurisconsultes de la France.
Collaborateur de l'illustre Cujas, il est l'auteur des
chronologies qui sont à la suite du code Théodosien
et du code Justinien publiés par le célèbre juriste. Il
est encore auteur des conférences des coutumes et
de la conférence des Ordonnances, dit son histo-
rien.

Cet illustre issoldunois nous a laissé les plus fidèles
et les plus vivants tableaux du temps passé. Il n'est
pas de récit plus saisissant ni plus instructif que la
lecture des Ordonnances royales des xv° et xvi°
siècles. Toute l'histoire politique et religieuse de la
monarchie catholique se révèle à nu dans ces quelques lignes trop peu connues :

Droicts de l'Université.

*Défenses à tous de tenir Escholes, s'ils ne sont
approuvez catholiques. D'autant,* dit Henri II, 27
*juin 1551, que nous sommes advertis que plusieurs
jeunes enfans pour la faute et mauvaise instruction
de leurs maistres et pédagogues sont tombez en
erreur et hérésie.*

*Défenses de faire aucun exercice de religion tant
pour le ministère que règlement, discipline ou
instruction publique des enfans et austres hors es*

lieux permis. Voulons que défenses soient faites à toutes personnes de tenir petites Escholes, princi-pautez, colléges, ny lyre en quelque art ou science que ce soit, en public ou en privé, ne en chambre, s'ils ne sont conneus et approuvez catholiques tenans la religion catholique et romaine. Ne en-tendons qu'aucun officier ou suppost de l'Univer-sité soit d'autre religion que de la catholique. Dé-fenses à toutes personnes, à peine de la vie et puni-tions corporelles, tenir ne enseigner aucune maxi-me contre les auteurs anciens et approuvez. »

Nos bons rois, afin d'éviter aux *suppests* de l'Université, ainsi qu'aux *escholiers*, la tentation de lire d'autres œuvres que celles d'Aristote et Saint-Chrysostôme, et afin qu'ils ne soient point exposés aux peines corporelles et même à perdre la vie, ce qui est parfois rigoureux et désagréable, publièrent des Ordonnances dans lesquelles nous relevons ces passages caractéristiques :

Défenses à tous imprimeurs, libraires ou austres personnes de quelques estats qu'elles soient, d'im-primer ou faire imprimer aucuns livres pleins de blasphèmes, convices et contumelies, pétulans et ne tendans qu'à troubler l'estat, sur peine de con-fiscation de corps et de biens.

Ne entendons approuver deux religions en nostre royaume, ains une seule qui est celle de nostre

*saincte mère l'église. Défendons très-expressément
à tous ceux de la religion prétendue réformée faire
aucun exercice d'y celle, tant pour le ministère,
règlement, discipline ou instruction publique d'enfans et austres en celluy de nostre royaume et pays
de nostre obéyssance.*

*Défendons très expressément à toutes personnes
quelconque de pourtraicre ne publier, ne exposer
en vente, ne acheter, avoir, tenir, garder aucunes
images, portraictures, ne figures contre l'honneur
et révérences des saincts et sainctes canonisez par
l'église.*

*Défenses aux escholiers de jouer farces, invec-
tives, convices, ne aucuns scandales sur peines de
prison et punitions corporelles.*

Les peines corporelles consistaient, pour les enfants âgés de moins de douze ans, à être passés par
les *verges,* le fouet ou le nerf de bœuf. Nous avons
vu le fouet à plusieurs lanières de cuir chez M. Co-
las, instituteur libre, rue Sainte-Marie, lequel se
bornait à faire le simulacre, l'excellent homme,
tandis que le nerf de bœuf était l'instrument préféré
de M. Bouteloup, instituteur, rue des Trois-Places.
Oh! pour celui-là, ancien sergent à l'armée des
vieux régimes, il prenait son nerf de bœuf scolaire
au sérieux et s'en servait consciencieusement suivant
les Ordonnances royales.

Ces instruments étaient encore en usage dans toutes les écoles libres d'Issoudun, sous le règne de
Charles X, dit le Pieux, lequel avait.rêvé de publier
des édits royaux qui devaient le rendre aussi célèbre
que Charles IX, mais les parisiens lui coupèrent ses
édits royaux sous le pied. St-Barthélemy, si favora-
ble à Charles IX, se retourna contre Charles X et
l'occit. Ce fut la fin de la monarchie de droit divin.
Fiez-vous donc aux saints.

En ce temps-là, les murailles des écoles n'étaient
pas encore garnies de tableaux, de cartes ni de spéci-
men de poids et mesures, ni d'aucun des objets
scolaires qui sont en usage aujourd'hui. Les fouets
et les nerfs de bœuf y étaient accrochés symétrique-
ment, de façon à frapper les regards avant d'aller
frapper la chute des reins des *escholiers*. Ils étaient
généralement fixés à côté du Christ ou de la bonne
Vierge en plâtre qui tendait doucement les bras,
mais aucun écrit ne lui faisait dire: *Laissez venir à moi
les petits enfants*; ce qui eut paru une anomalie, vu
le nerf de bœuf.

En vertu des ordonnances royales, les peines
scolaires, pour les enfants au-dessus de l'âge de
douze ans, étaient la prison, le carcan, les galères et
même le bûcher, selon le cas. — Deux adolescents,
Estalonde et Labarre, furent accusés d'avoir tenu

des propos pleins de blasphèmes et même d'avoir *ropre* une croix.

Ils furent pour ces faits (non prouvés) condamnés en 1766 à avoir le poing coupé, la langue arrachée, la tête tranchée. Estalonde avait pris la fuite. Labarre, malgré son extrême jeunesse, fut soumis à tous les supplices catholiques, puis le bourreau brûla chrétiennement son cadavre. *L'honneur et révérence des saints étaient vengés.*

On voit par ces terribles exemples que les mœurs les plus farouches existaient encore à la veille de la Révolution française. Les lois n'étaient pas moins inhumaines sous Louis XVI que sous Louis Iᵉʳ, ce roi au cœur bas et méprisable qui se vautra dans le sang de sa propre famille, mais dont les crimes enrichirent les moines qui le classèrent dans l'histoire de France sous le titre de : *Le Débonnaire.*

De même que la justice royale, le système scolaire restait immuable, ainsi que Turgot le constate dans son mémoire au roy sur les municipalités : « Il n'y a présentement, écrivait-il, qu'une seule instruction qui ait quelque uniformité, c'est l'instruction religieuse. Encore cette uniformité n'est-elle pas complète. »

En effet, la direction de l'enseignement était confiée au curé, qui, quelquefois, prenait un laïque pour second et auquel il déléguait de nombreuses fonctions scolaires et paroissiales, ainsi que le prouve le contrat passé, en 1768, entre la paroisse d'Isle-sous-Ramerupt et Ch. Noël, instituteur:

« Bail de trois, six ou neuf années, appointements
« 150 francs par an, 12 francs de casuel pour le ser-
« vice religieux, 4 sous par mois pour les enfants
« qui épellent, 5 sous par mois pour ceux qui lisent
« et écrivent, 40 sous pour les enterrements d'hom-
« mes, 10 sous pour les enterrements des petits
« enfants, 20 sous pour les mariages, 5 sous par an
« et par feu pour port de l'eau bénite, 1 denrée de
« vigne et exemption de la taille. L'instituteur sera
« logé ; une maison lui sera fournie (moins deux
« pièces de la maison pour M. le curé).

« Charges : 7 mois d'école, du 1er octobre au
« 1er mai, chanter les vêpres les veilles de dimanches
« et de fêtes, bien instruire les enfants, leur appren-
« dre leurs prières, catéchiser tant qu'à l'école qu'à
« l'église, calculer, additionner, les instruire à bien
« servir la messe, et ceux qui sont capables de chan-
« ter au lutrin, les répons et les versets qu'il convient
« de chanter, sonner les cloches de l'*angelus*, matin,
« midi, soir, faire la prière à l'église, à l'école, sui-
« vre les règlements de M. le curé et de monseigneur
« l'évêque, mener, conduire l'horloge, etc., etc. »

Il existait encore de ces pauvres instituteurs là, sous le règne de Charles X. Nous avons fréquenté

l'école du père Pascal, chantre à l'église de la petite
ville de la Motte-Beuvron, où nous passions les
vacances chez nos vieux parents. M. Pascal donnait
des leçons de lecture et d'écriture à une douzaine
d'enfants des deux sexes ; mais il ne donnait pas
d'autres leçons. Il convient de dire que nous n'avons
jamais vu le père Pascal donner des leçons d'aucune
sorte. Cet excellent homme ne paraissait dans l'école
que pour venir chercher des instruments de jardi-
nage ou ses immenses sabots de bouleau. Madame
Pascal était spécialement chargée de distribuer la
science et les coups de martinet à ses *escholiers* solo-
gnots.

Les livres, très vieux, très gras et très déformés,
étaient imprimés en gros caractères. Chaque ligne
était précédée d'une croix majuscule, de façon que
l'élève commençait la lecture de chaque ligne en
criant : « Croix de Dieu. »

Les époux Pascal vivaient comme les plus pauvres
paysans de la Sologne, non la Sologne de 1883, mais
du *bon vieux temps*. La soupe au pain noir et les
légumes du jardin, tel était l'ordinaire. Il n'y avait
qu'une seule pièce qui servait de salle d'étude pour
les élèves, de chambre à coucher pour les époux
Pascal et leur fille (Mlle Pascaline), de cuisine et de
cabinet de toilette. Les écoliers jouissaient discrète-
ment de la faveur d'assister, parfois, à la toilette de

la bonne vieille mère Pascal. Il y avait un grand rideau derrière lequel se masquait tour à tour le père Pascal, ou la mère, ou la fille : les enfants prenaient beaucoup d'intérêt à cette métamorphose qui s'opérait comme au théâtre, derrière la toile.

On retrouverait peut-être dans les archives de la Motte-Beuvron, le bail des instituteurs-sonneurs-chantres-fossoyeurs de la Sologne.

Pendant les vacances, les instituteurs laïques étaient astreints à une retraite spirituelle au séminaire de l'évêché, afin disent les documents du temps, « que l'église fasse attention que les maîtres donnent de bons principes et qu'ils portent les écoliers à la piété par leurs discours et leurs exemples. » L'instruction religieuse était seule donnée avec quelque vigilance ; la masse ne savait pas lire. De cette ignorance on trouve de nombreux témoignages dans les procès-verbaux des assemblées provinciales tenues en 1787.

Il résulte de ces documents que plus de la moitié des syndics (maires) des communes ne savaient pas lire. Ils n'étaient pas en état de signer ni même de lire leurs documents officiels, et ils étaient dans l'obligation de faire venir des scribes des villes voisines. Il existait alors des instituteurs ambulants qui se rendaient d'une commune à l'autre pour donner quelques leçons et régler les affaires des citoyens.

Ce régime ne prit réellement fin que lorsque les décrets de la Convention eurent donné leurs fruits. Mais pour mieux apprécier la distance qui sépare les principes et les ordonnances de la royauté d'avant 89 avec les principes de la République, il convient de porter notre examen sur l'agonie de cette antique royauté. Ouvrons au hasard les pages du *Moniteur*, ce livre de l'histoire sans phrase, nous lisons ceci :

« Commune de Paris.

Séance du 26 septembre 1793.

An II de la République Française.

Le président Chaumette propose qu'il soit créé des maisons nationales pour les pauvres infirmes et que ces maisons soient des temples où le malheur, la vieillesse et les infirmités soient respectées.

Le Conseil adopte cette proposition avec enthou-siasme et nomme 14 commissaires pour lui présen-ter un rapport sur ce sujet. »

Tournez cette page ridicule, diront les crocodiles, il n'est pas question de l'*Université*.

D'accord, tournons la page du *Moniteur*, peut-être nous servira-t-elle mieux encore. La page étant tournée, nous lisons ceci :

« Commune de Paris.

Séance du 27 septembre 1793.

An II de la République Française.

Le Président Chaumette fait adopter l'abolition de

la peine connue sous le nom de fouet dans toutes les écoles, maisons d'éducation, hospices et autres établissements, la traduction au tribunal de police correctionnelle de tout instituteur ou maître qui contreviendrait au présent arrêté, comme corrupteur de la jeunesse et pervertisseur des mœurs. »

Est-ce assez de noirceurs? dirait M. Fayet. Non, cet épouvantable Chaumette ne s'en tint pas là, et dans son délire de persécution contre les institutions royales, il provoqua la fermeture des maisons de débauche. Il prit des mesures sévères contre les vendeurs de livres et de gravures obscènes. Il dénonça l'abus des loteries. C'est à lui que les malades doivent d'être seuls dans leur lit d'hôpital. Jusqu'à ce jour les hôpitaux étaient garnis de lits à deux places dans lesquels on mettait jusqu'à trois ou quatre malades dans les uns, et six ou sept dans les autres. Voyez-vous cet affligeant et douloureux spectacle?...

Chaumette s'éleva énergiquement contre les horribles traitements exercés à l'égard des aliénés. Les fous étaient enfermés dans les cachots, couverts de haillons, souvent presque nus, au régime du pain noir et de l'eau, ils couchaient sur la paille au milieu des immondices. Aussitôt qu'ils étaient en proie à leur délire qu'excitait le poids des fers, on les battait avec des verges ou des coups de nerfs de bœuf.

Le médecin Pinel, accompagné du Conventionnel

Couthon, déféra à Bicêtre un fou considéré jusque là comme étant des plus dangereux. Ce fou, du nom de Chevigné, fut chargé par Pinel lui-même d'aller enlever leurs chaînes à ses compagnons d'infortune.

Tel était l'état bestial entretenu par le régime que démolissait Chaumette. Ce fut encore lui qui, touché du dénuement de nos pauvres soldats, qui marchaient pieds nus dans la neige et la boue, adjura les patriotes de porter des sabots pour faire baisser le prix du cuir ; son exemple entraîna des villes et des départements entiers qui se dépouillaient de leurs chaussures en faveur des défenseurs de la patrie. Les crocodiles de l'époque ont beaucoup ridiculisé *les sabots de Chaumette.*

Un censeur sévère nous arrête pour nous dire : vous vous écartez de la méthode ; vos discours sont dépourvus de logique et de grâce.

Nous répondons au censeur : nous vous montrons l'esprit de bienfaisance s'emparer de tous les services publics de la nation et préparer les mœurs d'où vont sortir l'éducation populaire. C'est par comparaison que le lecteur peut décider lequel vaut le mieux avant ou après 1789. L'éducation et l'instruction sont sœurs jumelles, nous ne pensons ici qu'à vous servir la moëlle et non l'enveloppe.

M. Fayet, inspecteur d'académie, feint d'ignorer cela et il nous décoche les traits les plus malins.

Comme on comprend bien que les contempteurs de la République ne peuvent parler des citoyens de l'an II sans frémir et sans feindre l'indignation. Ils craindraient d'effleurer la candeur des écoliers, s'ils les entretenaient des républicains qui ont bouleversé la science médicale d'avant 89, retourné le régime religieux des hôpitaux et mis en pièces les ordonnances scolaires de Charles IX. C'est, paraît-il, un outrage au saint-siége que la suppression des fers appliqués aux aliénés et du carcan appliqué aux écoliers.

On ne doit à la jeunesse française que la lecture de la vie des saints ou l'histoire pudique des filles de Loth changées en sel. Il est même méritoire, selon les ignorantins, d'inspirer la vénération des temps où les *maîstres et les escholiers* étaient soumis au fouet, aux galères, à la confiscation du corps pour avoir *pourtraicturé les saincts et sainctes* en manière de farce et *contumélie*.

Assurément les noms de Chaumette, de Couthon, du médecin Pinel, ni d'aucun membre de la Convention ne figureront jamais dans le calendrier royal à côté de St-Dominique, le créateur des bûchers catholiques, ni de St-Siméon le stylite, l'intrépide mangeur de choses qu'on ne nomme pas, et l'audacieux citoyen qui, comme M. Lecherbonnier, ose publiquement feuilleter les pages de l'histoire de l'an II, mérite d'être impitoyablement livré en pâture à tous les échos du syllabus. C'est ce qui a été fait par M. l'inspecteur de l'Académie de Poitiers lorsqu'il a publié sa *singulière leçon d'histoire*. Nos félicitations à M. l'inspecteur.

Mais, si ce n'est pas une indiscrétion, pourrions-nous savoir, car cela intéresse la morale publique, comment s'y prennent les partisans de l'Université, comme avant 89, pour devenir les fonctionnaires salariés par la troisième République ? Par quel stratagème ingénieux le divin M. Fayet s'est-il introduit dans la forteresse de notre éducation nationale ?...

Tout ce que nous savons sur ce point délicat, c'est qu'il n'y est pas entré dans la peau d'un cheval comme avait fait le rusé Ulysse pour s'emparer de la célèbre ville de Troie. Le maire d'Issoudun est encore debout au milieu des élus de sa ville républicaine.

Moins héroïque qu'Ajax et Agamemnon, le bouillant inspecteur de l'académie de Poitiers n'a pas encore réduit la République en cendres. Les augures célestes n'annoncent nullement le retour de l'université de Henri II, ce loyal prince catholique qui s'allia aux protestants d'Allemagne pour écraser les catholiques Espagnols et se retourna ensuite vers les catholiques pour égorger les protestants français. Non, malgré les intrusions à Poitiers de l'éminent M. Fayet, la République est bien gardée.

Décidément les dieux ne sont pas favorables aux disciples de Torquemada, et c'est en vain que la presse de Châteauroux aura gémi pour la cause dont le peuple berrichon déserte doucement les autels; tant le Berry est la terre classique où tout va doucement, mais d'accord avec la raison.

Pardonnez-nous, mesdames et messieurs, le sentiment de douce ironie dont nous avons été saisi en présence de ces aveugles, qui sont d'autant plus incurables qu'ils ne veulent rien voir ni rien entendre. Ils font bien un peu de bruit, mais ce n'est pas avec des mots sonores, ni des petits livres lancés sur le dos de M. Lecherbonnier, ni à l'aide d'un journal poissard qu'ils parviendront, croyez-le bien, à ramener les coutumes scolaires des moines du 16ᵉ siècle, ni à effacer la pléiade qui brille au panthéon de la République française.

Il est toujours facile de calomnier les grands citoyens qui sont couchés dans la tombe. Il est toujours facile de confondre les principes qui ont fait agir la Convention avec les luttes qu'elle eut à soutenir pour délivrer le territoire.

Les républicains semèrent la terreur, dit-on. Oui, cela est vrai, ils mirent en fuite, l'épée aux reins, les émigrés qui marchaient sous le drapeau de Brunswick le Prussien ! Oui, ils traitèrent comme de vils malfaiteurs *tous ces tigres qui sans pitié déchirent le sein de leurs mères.*

Est-ce que la monarchie, pendant tout le cours de son règne, dix fois séculaire, ne fut pas une continuelle terreur? Est-ce que la lutte entreprise par le Comité de salut public n'avait pas précisément pour but la destruction totale de toutes les cruautés dont le régime monarchique abreuvait le peuple français? Ce Comité n'a-t-il pas brisé les fers féodaux et relevé la dignité humaine outragée?...

Il suffit, pour répondre à ces questions, de jeter un simple regard autour de nous. Que voyons-nous? Le peuple s'éclaire et gagne en sagesse de jour en jour. L'intelligence des citoyens se développe et le travail devient plus fructueux. Les habitudes de propreté et de décence se propagent. La vie est plus confortable et les mœurs plus douces. La conscience est libre. Et enfin, vous, instituteurs, ne pourrez-vous enseigner la morale civique en quelque *art ou science que ce soit, en public ou en pryvé,* et formuler ouvertement votre opinion sur Aristote sans craindre le bûcher, le carcan ou simplement le fouet?

Oui, vous le pouvez. Mais à qui devez-vous cette précieuse conquête? Au comité de salut public de l'an II. Voilà l'histoire, ne l'oubliez pas.

Est-il un seul prince, qu'il se nomme Clovis,

Childéric ou St-Louis, qui ait laissé après sa mort des évangiles comparables à ceux qui servent de base à notre éducation nationale? Pour nous, la simple conquête de Chaumette, abolissant les peines corporelles dans les écoles, a plus de prix que toutes les victoires des plus grands monarques.

Après la trahison de Dumouriez, alors que le sang français coulait à flots sous le fer des Allemands, des Anglais, des chouans et de tous les pillards qui s'abattaient sur la France comme la grêle du malheur. Alors que tout manquait, sauf le génie du patriotisme républicain, il fallait sauver la nation. Le Comité de salut public se mit à l'œuvre; il jeta le cri immense du lion qui fait trembler la montagne et remplit la vallée: *La Patrie est en danger.* Les citoyens se lèvent; il surgit des soldats, des savants, des poëtes. Tous se lancent en avant. La Marseillaise fit le reste.

Un an plus tard, après des efforts prodigieux, nos frontières étaient délivrées. Tous les obstacles avaient été brisés. Le Comité avait eu raison de tous les périls.

Le commerce et l'industrie prenaient un nouvel essor. Dans l'enthousiasme de la victoire, les peuples venaient vers nous. Pour couronner ses immortels travaux, le Comité de salut public décrète cette éducation nationale que les sectaires de l'ignorance

s'acharnent à combattre aujourd'hui, sans s'aperce-
voir qu'ils nous obligent à doubler les étapes de nos
bataillons scolaires.

Les législateurs de l'avenir iront puiser dans l'ar-
senal de la convention les meilleures armes pour
assurer le développement de nos forces sociales,
ainsi que nous en recevons des témoignages journa-
liers.

Le 20 juin dernier, M. Henri Martin disait à la
fête de l'anniversaire du jeu de pâume :

« La Convention se retournant au sein des orages
« vers ces jours de lumière et d'espérances, consa-
« cra le jeu de paume au culte des souvenirs, si
« récents et déjà si vastes, de l'ère nouvelle, et y
« décrétait la formation du musée de la Révolution.

« La seconde République avait formulé le vœu de
« la première.

« La troisième et définitive République réalise
enfin la pensée de sa sœur aînée. »

Combien la réalisation des décrets de l'an II sur
l'éducation nationale, nous offre un exemple plus
frappant encore de la force morale de la Convention,
si l'on suit pas à pas la marche constante de notre
éducation populaire depuis l'an II jusqu'à nos jours,
et surtout si l'on tient compte des obstacles politi-
ques que les éducateurs ont été tenus de renverser.

C'est alors que se révèle le génie de ces conventionnels dont la vie a été brisée avant l'heure, la mémoire calomniée et les lois étouffées le jour même où elles voyaient le jour, mais pour renaître le lendemain comme l'éternel Phénix.

Ni l'homme de Brumaire, ni les cosaques et les évêques de Louis XVIII, ni les loups-cerviers de Louis-Philippe, ni les sectaires mystiques de la nuit du 2 décembre 1851 ne purent arrêter l'éclosion des principes posés par la Convention.

Tous ces restaurateurs de trônes ont bien tenté de *bifurquer* l'instruction publique. Ils ont fait de nombreux et pénibles efforts pour faire retourner le peuple vers l'absurde ; mais les tentatives des ignorantins restèrent superflues. La liberté de l'enseignement civique avait déployé ses ailes pour guider la nation dans la voie tracée par l'an II.

C'est pourquoi nous voyons sous tous les régimes de la monarchie de notre siècle, le génie de la Convention forçant ses ennemis à préparer de leurs propres mains les statues et les couronnes destinées aux Danton, aux Lakanal, ainsi qu'à tous ceux qu'illustrèrent ces temps héroïques.

Etudiez ces pages mémorables dans lesquelles vous apprendrez comment les français sont devenus les véritables libérateurs du genre humain. Inspirez-vous de leurs leçons, Messieurs les Instituteurs, et donnez-les aux élèves que la nation confie à votre patriotisme. Elles sont les plus belles et les plus nobles de notre histoire.

A la fin du dernier siècle, le peuple forma ces célèbres cahiers dans lesquels il revendiquait ses droits. Mais ne pourrions-nous pas former des cahiers dans lesquels nous ferions toucher du doigt la réalisation des vœux exprimés par nos illustres aïeux ? La lecture de ces cahiers ferait peut-être tomber les écailles que le parti de l'obscurantisme a placées sur les yeux des élèves qui lui sont confiés.

Nous ne voulons pas dire que la carrière soit terminée et que nous n'avons plus qu'à nous reposer. Non, non, nous ne faisons que d'y entrer: il nous reste beaucoup à faire, et nous sommes tenus de travailler comme s'il n'y avait rien de fait.

Quelques uns disent : rien ne va plus. Mais nous pourrions leur répondre avec nos cahiers en main : aveugles, ignorants et ingrats, vous ne voyez donc pas que nous marchons à pas de géants. Jamais le phare de la République n'a jeté un aussi vif éclat au milieu des charmes de la paix et de l'activité des citoyens.

Essayons en deux mots exprimés à la hâte d'indiquer dans quel esprit seraient conçus les cahiers de la République de 1883, afin d'éclairer la route parcourue et de montrer par les trésors acquis combien nous pourrons en acquérir de nouveaux. Point n'est besoin de sortir de notre petite ville berrichonne pour cela.

En 1871, le conseil municipal d'Issoudun votait la gratuité de l'instruction dans les écoles primaires communales laïques. Il fondait de nouveaux groupes scolaires, et doublait les places destinées aux écoliers. Les conseillers eux-mêmes payaient de leurs personnes, ils faisaient de la propagande au foyer de leurs concitoyens. Ils relevaient le courage des instituteurs laïques dont la situation, sous le régime impérial, était devenue très critique et intolérable.

Il semblait que ce régime, dirigé par la main occulte et malfaisante qui l'a conduit à Sedan, avait entrepris la misérable tâche de tuer l'élément laïque de nos écoles communales. Il en était arrivé à diminuer le traitement de nos instituteurs laïques, afin d'augmenter celui des instituteurs congréganistes, ainsi que nous en trouvons la preuve dans la délibération suivante :

« Séance du 21 janvier 1858.

« Présidence de M. Daussigny, maire. Le Conseil, considérant que le traitement de 1500 francs alloué au directeur de l'enseignement mutuel est véritablement trop élevé, il convient de le ramener au chiffre de 1200 francs. »

Peu de jours après ce bel exploit, le conseil, sous la présidence de M. Daussigny, maire, votait une

:.ugmentation de 300 francs au directeur de l'école congréganiste. L'éloquence des chiffres est sans réplique. Un chiffre, en semblable événement, est un programme politique et religieux, un article de foi et un drapeau que l'on arbore ouvertement. Le drapeau de la congrégation romaine flottait superbement sur l'Hôtel-de-Ville d'Issoudun. Les conseillers reniaient les principes de 1789 et passaient à l'ennemi.

Le directeur de l'école laïque était un citoyen marié, père de cinq enfants, total sept personnes au même foyer. Toute cette famille se trouvait réduite à la portion incongrue, tandis que le célibataire congré-ganiste voyait augmenter sa *congruité*.

> Il devint gros et gras : Dieu protège les biens
> A ceux qui font vœu d'être les siens.

Ce jeu de bascule était fort encourageant pour la congrégation apostolique et romaine qui rêve le retour des instituteurs-chantres-fossoyeurs ; mais il était gros d'humiliations pour vous, messieurs les instituteurs, qui remplissez vos devoirs de pères de famille et de citoyens.

Cette politique n'était pas moins humiliante pour la nation : les citoyens se voyaient menacés d'être livrés comme une proie aux princes de la cour de Rome qui, paraît-il, sont les plus dévorants princes de la terre, si l'on en croit l'histoire.

Voilà ce qui fut bien compris par le Conseil muni-

cipal d'Issoudun, dont le premier acte, à l'avènement
de la République de 1871, fut de rétablir l'ordre et
de remettre les choses à leur place. Car il avait été
écrit en 1792 que la République reviendrait toujours
plus forte et plus éclatante après le passage des
brouillards monarchiques.

Malgré les tentatives de la *main noire*, qui s'était
glissée dans le Conseil municipal de 1858, l'esprit
des décrets de l'an II fit toujours son chemin, tant
la providence se rit des desseins monarchistes, même
lorsque la monarchie parle au nom de Dieu. Car,
souvenez-vous en, c'est sous le régime le plus divin
de notre siècle que fut installée la première école
communale laïque : ce produit le plus pur et le plus
fécond des révolutionnaires de l'an II.

En voici une preuve que nous livrons à la sagacité
de nos concitoyens. (Il est bon de constater de temps
à autre que le cléricalisme est imprégné lui-même
des principes de Robespierre et condamné comme
un forçat à propager les œuvres du Comité de Salut
public de l'an II). Voici le document :

« Séance du conseil municipal d'Issoudun, 16 mai
« 1818. Le conseil décide : A partir de 1819, il sera
« porté au budget de la ville, pour chaque exercice,
« une somme de quinze cents francs, pour frayer à
« la dépense de l'école gratuite d'enseignement mu-

« tuel, établie en exécution des délibérations du 21
« décembre 1817 et 23 avril 1818. »

Le dieu des catholiques avait parlé. Le régime
divin ouvrait la première école primaire communale
laïque de la viile d'Issoudun. Cette école (ô ironie
divine) fut installée dans l'ancien couvent des Ursulines. Ces dames avaient allégrement quitté le couvent aux premiers jours de la Révolution pour rentrer
dans leurs foyers paternels où les jeunes religieuses
prirent des maris et devinrent d'excellentes mères.
Quant aux vieilles, elles reportèrent leur tendresse
sur leurs neveux. La nature ne perd jamais ses droits.

Les vierges abandonnaient le feu sacré du cloître
pour prendre des époux charnels ; horreur ! malédic-
tion ! Tant de forfaits ont-ils pu se commettre à la
face de Dieu ? Pourquoi n'étiez-vous pas né, M. Fayet,
pour arrêter les impiétés qui se sont accomplies
à Issoudun ? Les choses auraient pris un autre cours,
si l'on en juge par les gémissements de la page 18
de votre *singulière leçon d'histoire.* Mais, dites-vous,
« admettons que M. Lecherbonnier ignore ce qui
« s'est passé alors dans le reste de la France ; du
« moins devrait-il savoir ce que sont devenues les
« ressources qui servaient à l'entretien des diverses
« écoles d'Issoudun : Les 500 livres de la prébende
« préceptoriale ? Les 400 livres de rente pour l'en-
« tretien de l'école des frères ? Les 425 livres pour

« l'autre école de charité ? Les revenus et les maisons
« des Ursulines et des dames de la Visitation ? En
« est-il resté quelque chose ? hélas ! même pas un
« liard ; la Révolution a tout confisqué, et vendu tout
« ce qui a trouvé acquéreur. Encore une fois, en
« posant à l'époque révolutionnaire l'origine des
« écoles primaires, M. le Maire d'Issoudun est,
« même en ce qui concerne sa propre ville, dans
« l'erreur ou le mensonge. »

Voilà qui est bien dit : mais, cher et digne savant,
comme notre éducation et notre éloquence sont fort
au-dessous des vôtres, nous nous bornerons à répondre à votre docte argumentation par des chiffres.
Peut-être ces chiffres ménagent-ils à l'ancien élève
de l'école mutuelle de 1830 un succès marqué sur
le plus brillant des inspecteurs de l'Académie de
Poitiers ? Le public jugera.

Ouvrons le budget de la ville, rien ne prévaut contre l'éloquence des chiffres. Le budget scolaire de la
commune d'Issoudun s'élevait, en 1820, à 4.971 fr.

Il s'élevait, en 1869, à la somme de 14,380 francs.
Le dernier budget fixé cette année à la session de
mai 1883, s'élèvera à. . . . . 47,380 fr.

Le budget des écoles communales primaires d'avant 1789 dressé par M. Fayet
s'élevait à 1325 livres. . . . . 1,325 fr.

Différence en faveur de la République. 46,055 fr.

Soit .quarante-six fois plus pour l'instruction du peuple.

La cause est entendue. Notre thèse nous paraît suffisamment développée par des chiffres, sans qu'il nous semble nécessaire d'y joindre des lauriers littéraires qui, nous le reconnaissons, ne sont pas à notre portée. Il est vrai, nos adversaires se consolent en lançant ce trait : « Vous ruinez le peuple et dévorez son argent à bâtir vos écoles. »

Nous convenons qu'il n'en a jamais été ainsi sous la royauté. Alors l'argent du peuple enrichissait des courtisans débauchés, joueurs, avides et toujours sanguinaires. Les services bas et criminels étaient considérés comme de hautes et nobles actions que le roi récompensait par des dotations publiques. La fortune des vieilles familles seigneuriales n'a pas d'autre origine que la rapacité, le vol et le meurtre.

Aujourd'hui, l'argent du peuple retourne au peuple. Il n'en est pas détourné un centime qui ne soit justifié par des services publics autorisés par les représentants du peuple, et l'argent versé au ministère de l'instruction publique est de l'argent placé au centuple dans la meilleure et la plus sûre des caisses d'épargnes.

Voilà mon modeste cahier : Il est l'œuvre de l'ancien écolier de la première école communale primaire laïque d'Issoudun. Méditez-le, MM. les insti-

tuteurs, et dites-nous s'il ne contient pas une mora-
lité digne d'occuper votre esprit ? L'histoire d'une
simple commune n'est bien souvent que l'histoire du
monde entier, de la marche en avant de la raison
contre le surnaturel, de la science contre l'erreur, de
la justice contre le crime.

Mais pour compléter ce tableau, que nous déplo-
rons de n'avoir pu vous donner avec l'ampleur qu'il
comporte, nous vous informerons : que le nombre
des élèves va toujours en augmentant dans les écoles
de la ville d'Issoudun. La situation est des plus satis-
faisantes. Aussi est-ce bien avec le plus doux conten-
tement que nous ajouterons : nous n'avons jamais
été dans la nécessité de faire appel à la sévérité des
lois pour contraindre les pères de famille à envoyer
leurs enfants à l'école, tant nos compatriotes de toutes les classes et de toutes les opinions sont convain-
cus qu'ils doivent donner à leurs enfants le pain de
l'esprit comme ils donnent le pain du corps.

Il n'est pas de meilleur hommage qu'un maire
puisse rendre au gouvernement de la République,
aux législateurs qui font de bonnes lois, aux ministres qui les font exécuter et aux citoyens qui s'y sou-
mettent avec l'intelligence qui caractérise les habitants de la ville d'Issoudun. Ce juste hommage
rendu au progrès social et à le douceur de nos
mœurs, montre également à quel degré de puissance

les décrets de l'an II sont passés dans le sang du peuple, et aussi à quel degré d'impuissance sont réduits les adversaires de notre éducation civique. Les voilà anéantis : sans direction, sans drapeau, sans foi, sans influence sur l'esprit des citoyens, s'appuyant imprudemment sur une clientèle servile et réduits dans leurs tristes gazettes à faire appel sur un ton grossier et hargneux à la force brutale, sans autre pensée que celle de satisfaire la férocité des bas instincts qui, dit Xavier de Maistre, sont l'apanage de la *bête*.

Montesquieu, que Voltaire considérait comme un grand écrivain, un homme sage, bon et bienfaisant, disait : « Les mœurs sont plus fortes que les lois. » En effet, lorsque les lois choquent les habitudes du peuple, elles rencontrent des obstacles souvent insurmontables à leur exécution. Mais il n'en est plus de même lorsque tout au contraire les habitudes ou les besoins populaires sont d'accord avec les nouvelles lois. Alors elles sont reçues avec reconnaissance et exécutées sans rencontrer de résistances.

Nous en voyons la preuve ici même à Issoudun, où les citoyens se faisaient un devoir d'envoyer leurs enfants à l'école longtemps avant la promulgation de la loi du 28 mars 1882.

Cette coutume prouve, une fois de plus, la force invincible du génie des législateurs de l'an II, et

c'est avec raison que Montesquieu a pu dire : les
mœurs sont plus fortes que les lois, puisque nous
constatons aujourd'hui que les lois sur l'instruction
sont acceptées comme un bienfait par le peuple. Mais
il convient d'ajouter à l'exemple des habitants d'Issoudun qui confient leurs enfants aux instituteurs,
avec la pensée qu'ils en retireront des trésors : « L'é-
cole est l'atelier des bonnes mœurs et l'instituteur
est un prêtre dont la mission, selon la pensée de
Beccaria, a pour but de prévenir les crimes de la
misère et du désespoir. »

FIN.

Discours aux Filles des Écoles laïques

Mesdames,

Ce n'est pas sans éprouver les plus vives appréhensions que nous abordons cette tribune après le discours de Mlle Peyrot.

Si nous possédions, comme vous, mesdames les institutrices, le secret de ce fin langage qui captive tous les esprits, nous voudrions aussi faire vibrer les sentiments de cet auditoire distingué. Cependant, à défaut d'un style correct et élégant, nous aurons la force des convictions sincères. Quoiqu'il en soit, nous accomplissons un devoir.

Nous vous parlerons de l'éducation des femmes avant et après 1789. Oh ! rassurez-vous, nous ne passerons pas en revue les longues et fastidieuses pages de nos rois fainéants. Nous serons bref, et, autant qu'il nous sera possible, nous ne sortirons pas du cercle local. L'histoire d'une petite ville est souvent aussi fertile en leçons que l'histoire du monde entier.

Nous visiterons la bibliothèque d'Issoudun. Parmi les livres qu'elle possède, il en est un qui, par son âge vénérable et son aspect primitif, nous a toujours inspiré une douce satisfaction berrichonne.

Ce vieux bouquin (honni soit qui mal y pense!) porte pour titre :

« *Les Quinze métamorphoses d'Ovide, par François Habert, d'Yssouldun en Berry.* »

François Habert, né à Issoudun vers 1520, appartenait à une famille honnête de la ville. Il fit ses études à Paris et à l'Université de Toulouse, qu'il quitta pour remplir le rôle de secrétaire près du duc de Nevers ; ce qui lui permit de se livrer à la poésie, sa passion favorite.

Ce poète est considéré comme le plus fécond de son temps. Il est également cité comme le premier fabuliste français et fut le précurseur du célèbre Jean Lafontaine, surnommé le bon Lafontaine.

Ses ouvrages sont devenus très rares,et c'est grâce aux intelligentes recherches de notre compatriote, M. Albert Liger, que la ville d'Issoudun est en possession de ce volume qui était, peut-être, par ses vignettes, un chef-d'œuvre de typographie en 1587, date de son apparition à Paris,où il fut imprimé chez *Hierosme, à l'enseigne du Pélican.*

Dans le vieux langage rimé d'Habert, l'antique légende de l'âge d'or semble tenir le premier rang pour la grâce et les charmes : c'est un tableau de candeur sans égale. Tout est délice et azur.

Alors, suivant la fiction célébrée par les voix harmonieuses de la poésie, la terre produisait les meilleurs fruits sans que l'homme fut dans la nécessité de la fouiller péniblement avec la bêche ou la charrue. Le lait et le nectar coulaient à flots au milieu des pelouses émaillées de roses sans épines. Le miel s'échappait du sein des chênes verts sans jamais tarir.

Les créatures humaines n'étaient point assaillies par ces parasites minuscules qui font le désespoir des mamans et l'ornement des bienheureux mendiants dont l'existence est toujours parfumée, ni par certains citoyens dont les croassements mélancoliques viennent troubler les cités.

On ne connaissait point de sociétés financières, ni les caissiers, qui promettent aux déposants le remboursement de leur épargne dans l'autre vie. Il n'existait point de thaumaturge, ni de marchands d'oremus, ni d'écrivains provocateurs, ni d'insulteurs à gage, ainsi que le vieux Habert a pris le soin de nous l'apprendre dans ces deux vers :

Droicts rigoureux on ne gravoit sur cuyvre
Pour réformer la manière de vivre.

Il est indubitable qu'en ce temps-là, Judas n'aurait pas vendu son maître pour trente deniers, ni pour trente mille francs de notre monnaie française, ce qui est le prix courant d'un citoyen à la conscience vénale.

Il est non moins indubitable qu'un journaliste qui considère les honnêtes gens comme ses dupes, n'aurait jamais eu l'agrément d'être montré au doigt comme une perle précieuse, ni d'entendre siffler ce propos flatteur à son oreille : tiens, voilà le *vendu* qui passe.

Non, rien de semblable ne se voyait au temps de l'âge d'or. Tous les hommes étaient parfaits, parce que la nature était parfaite ; ce qui est bien différent avec ce que nous voyons.

Pourquoi Dieu, que l'on dit si bon, nous a-t-il entouré de tant de maux ?... Dieu a voulu que sa sainte volonté s'accomplisse. Nous avons la ressource de prier notre saint père le Pape et nos seigneurs les évêques qui sont ses représentants directs, de nous ramener, si faire se peut, ce beau printemps sans nuages et perpétuellement embaumé, selon le tableau du bon François Habert d'Yssouldun.

Le beau printemps exorné de verdure,
Duroit toujours sans sentir glace dure,
Le douz zéphire incessamment régnoit
Qui doucement toutes fleurs alainoit.

. . . . .

En seurté sans effort inhumain,
Oysivement vivoit le peuple humain.

Si nous sommes obligés de dire que cette séduisante description de l'âge d'or est un rêve et que tout au contraire les temps primitifs étaient des siècles de fer qui sont connus sous un aspect affreux ; il est néanmoins vrai de reconnaître que l'enfance a toujours été regardée comme l'âge d'or de la vie.

C'est en effet l'âge des sentiments empreints de naïves et tendres espérances. A cet âge aimable, on ne s'inquiète ni de la veille ni du lendemain. Sans efforts, sans soucis, on laisse tout venir dans une confiance robuste et inaltérable. On voit l'avenir se dérouler comme un long ruban rose sans fin.

Pourtant une ombre se dessine et vient à surgir au fond de ce ciel joyeux. Cette ombre, c'est l'école ! On fronce le sourcil, les lèvres s'allongent et l'œil se voile de mélancolie lorsqu'il faut se résigner à entrer dans cette école redoutable, parce qu'on ne la connaît pas.

Mais doucement, de jour en jour, en prenant l'habitude d'en franchir le seuil, on découvre des attraits qui dissipent les appréhensions exagérées ; l'ennui disparaît et l'écolier se fait une obligation de se joindre à ses camarades ; il finit par s'attacher affectueusement à ses maîtres, lorsque ceux-ci savent inspirer confiance à leurs élèves. Alors, on se passionne à résoudre un problème, on veut chercher sur quel point de la mappemonde se trouve situé le peuple dont on vient de lire les aventures extraordinaires. On veut enfin connaître les secrets que les livres ne révèlent qu'à leurs fidèles amis.

Mais le choix des livres est chose délicate, et parmi ceux qui pourraient arriver dans les mains des élèves, il en est beaucoup qui sont dépourvus de raison et de sagesse. Il en est même qui sont remplis de doctrines à l'usage de ceux qui veulent pervertir les mœurs publiques, afin de préparer le retour des régimes basés sur l'ignorance des citoyens.

Mais, en vertu de la loi du 28 mars 1882, il n'en sera plus ainsi dans l'avenir, car cette loi nous a doté d'une instruction nationale dont le premier acte est ainsi conçu :

« L'enseignement dans les écoles primaires comprend l'instruction morale et civique. »

Oh ! civique ! voilà un gros mot que les jeunes filles sont peu habituées à entendre. Peut-être même est-il nouveau pour la plupart d'entre vous. Il veut dire simplement ce qui est l'apanage du citoyen ; c'est-à-dire ce qui constitue son bien, son droit, sa force, son repos et tout ce qui est de nature à réaliser son bonheur social.

Les anciens étaient jaloux de conserver leurs droits civiques et ils les considéraient comme sacrés. Ils les inscrivaient dans leurs temples et sur les monuments publics. Les prêtres en étaient les gardiens et ils instruisaient la jeunesse dans l'amour des vertus civiques. Rien n'était plus propre à élever l'âme des citoyens et à les porter aux actions généreuses.

Plus tard, ces mœurs disparurent pour faire place au servage auquel on donne le nom de règne divin ; mais il serait plus vrai de dire qu'il caractérise le règne le plus farouche de notre histoire.

« Les nobles toujours prêts à courir la proie. Cha-
« que seigneur était suivi de quelques chevaliers, ac-
« compagné de pillards et d'un chapelain. Les évê-
« ques marchaient en tête des bandes armées de
« glaives, de croix et de torches d'incendie. Ils ne
« défendaient le meurtre et le pillage que les jours
« consacrés au culte, sous le nom de *Trêve de Dieu* »
disent les vieilles chroniques.

Les vertus religieuses de ce temps consistaient particulièrement dans l'adoration d'images en bois, et même elles s'étendaient à l'adoration d'ossements en décomposition. — On prétend qu'il existe encore des villes et des villages où les femmes ont conservé la coutume singulière de baiser des os qui ont la propriété magique de porter bonheur. Ce reste de superstition est appelé à disparaître avec le retour de la morale civique.

Les esprits timorés, qui ne peuvent pas sortir des sentiers de la routine, nous diront que peut-être 'est aux garçons et non aux filles qu'il faut tenir ce langage. — Ce n'est pas notre avis : l'un n'exclut pás l'autre. Nous considérons qu'en matière d'éducation, ainsi que dans beaucoup d'autres cas, nous devons donner le pas aux femmes sur les hommes. D'ailleurs comment voulez-vous que dès le premier jour les hommes soient mis dans la bonne voie, si les mères de famille sont elles-mêmes dans la mauvaise ?...

Cette vérité indéniable n'a été obscurcie que par l'état d'ignorance dans lequel les femmes étaient maintenues sous le régime sacerdotal. Avant l'avè-nement de la République Française, il n'existait pas d'écoles pour les filles, sauf dans les couvents. Tous les prétextes étaient mis en œuvre pour peupler ces couvents dont les prélats étaient les véritables gar-diens. Lorsque le couvent ne pouvait obtenir le con-sentement d'une fille dont il avait besoin, il faisait appel aux évêques qui n'hésitaient pas à employer la violence au nom des intérêts de l'église et de l'état, ainsi que le prouvent de nombreux édits et particu-lièrement l'édit de 1686.

« Louis, par la grâce de Dieu, roy de France et
« de Navarre. A tous présents et à venir, salut.
« Ayant ordonné, par notre édit donné à Fontaine-
« bleau, que les enfants qui naîtraient de nos sujets
« qui sont de la religion prétendue réformée seroient
« élevés dans la religion catholique, apostolique et
« romaine. A ces causes, voulons et nous plaît que

« dans huit jours après la publication de notre pré-
« sent édit, tous les enfants de nos sujets qui font
« encore profession de la dite religion prétendue ré-
« formée, depuis l'âge de cinq ans jusqu'à celui de
« seize ans accomplis, soient mis à la diligence de
« nos procureurs ayant haute justice, pour être tous
« élevés dans la religion catholique, et qu'ils soient
« mis entre les mains de telles personnes catholiques
« qui seroient nommées par les juges.»

En vertu de cette loi, les juges désignaient les filles
qu'ils voulaient faire enfermer au couvent. Si celles-
ci faisaient résistance, les dragons venaient brutale-
ment les enlever. Si elles refusaient de se plier à la
discipline monastique, les dragons étaient appelés de
nouveau, ils les dépouillaient de leurs vêtements et
leur administraient une correction corporelle avec
des verges ou le nerf de bœuf, suivant les ordres de
Madame l'Abbesse qui réglait béatement les supplices, ainsi que l'exigeait l'intérêt de l'église et de l'état.
— St-Simon accusait publiquement les évêques d'a-
nimer *les bourreaux*. C'était ainsi que les évêques
pratiquaient l'instruction obligatoire.

D'innombrables mémoires furent écrits à la fin du
17e siècle, au sujet des filles qui disparaissaient su-
brepticement de leurs familles pour aller peupler le
couvent. Tous ces enlèvements, il est honteux de le
dire, prennent pour prétexte « de suppléer » au dé-

faut des parents qui se trouvaient malheureusement
engagés dans l'hérésie ; » ce dernier mot justifiait
tous les crimes.

« Il suffit, disait-on généralement, que les filles
sachent gouverner leurs ménages et obéir à leurs
maris sans raisonner. » L'esprit d'obéissance servile allait jusqu'à permettre aux hommes de battre
leurs femmes, comme le maître bat son chien. Une
femme qui se permettait de raisonner était battue,
la mère battait ses enfants. Battre était le dernier
mot de la sagesse évangélique. *Qui aime bien châ-
tie bien* était l'argument suprême.

Fénélon s'éleva avec beaucoup d'énergie contre
l'esprit du temps, mais lui-même dans son traité de
l'*Education des filles* ne paraît préoccupé que d'en
faire des auxiliaires pour combattre les protestants
et autres sectes religieuses qui se séparaient alors
avec éclat de la religion catholique.

Malgré les efforts de quelques prélats, les filles
restaient réduites au rôle d'objets domestiques et
d'agrément pour les hommes. Combien peu se ma-
riaient dans les classes riches. On ne tenait aucun
compte de leur naissance. A peine prend-on soin
d'inscrire les aînées sur les registres des paroisses.
Les cadettes n'avaient pas d'état-civil. L'abandon,
le couvent ou le libertinage étaient le sort qui les
attendait.

Mais, pour connaître les mœurs de ces temps, nous n'aurons pas besoin de recourir aux grandes pages de l'histoire. Il nous suffit de puiser quelques pièces dans les archives de la municipalité d'Issoudun : ces documents administratifs nous éclaireront complé-tement sur le peu de raison, de justice et d'huma-nité qui animait les éducateurs des femmes avant 1789. Voici un extrait d'un *arrest* du parlement en date de 1693, imprimé et adressé à toutes les muni-cipalités de France, ainsi qu'il l'a été à Issoudun :

« Fait défense aux gueux et les mandians de vaquer et de demander l'aumône à peine d'estre tant les hommes que les femmes enfermez durant huit jours dans les prisons et attachez au carcan, et en cas de récidive des galères pendant trois ans, et du fouet et du carcan à différents jours du marchez contre les estropiez et les femmes qui ne seront point grosses, et du fouet pour les enfants au-des-sous de douze ans, etc., etc.

Malgré ces rigueurs excessives, les mendiants continuaient leur vie de libertinage sous le costume religieux, ainsi que nous l'apprend la lettre suivante écrite un siècle après l'arrêt ci-dessus.

« Bourges, 24 avril 1783.

« A MM. les officiers de police de la ville d'Is-soudun.

« L'intention du roy, messieurs, était d'empêcher

« les frères hospitaliers et autres frères religieux
« étrangers de différents ordres de quêter dans le
« royaume, je vous prie de refuser votre visa, etc.,
« etc..., de saisir leurs papiers, et de les remettre au
« commandant de la maréchaussée. A cet égard, vous
« remplacerez ces papiers par un procès-verbal, afin
« qu'ils ne puissent pas mendier en retournant dans
« leur pays, sous peine d'être arrêtés et conduits en
« prison.

« Dufour de Villeneuve. »

Voici un second tableau des mœurs semblables.
C'est une ordonnance royale en date du 7 janvier 1686.

*Louis, par la grâce de Dieu, roy de France et de
Navarre ; à tous ceux qui ces présentes lettres ver-
ront, salut.*

*Les abus qui s'étoient glissés dans notre royaume,
sous un prétexte spécieux de dévotion et de pèleri-
nage, étant venus à un tel excès que plusieurs de
nos sujets avaient quitté leurs parents contre leur
gré, laissé leurs femmes et enfants sans secours,
volé leurs maistres, pour passer leur vie dans une
continuelle débauche etc., etc.... — Nous aurions
cru pouvoir arrêter le cours de ces désordres, en
ordonnant par notre déclaration de 1671, que tous
ceux qui voudraient aller en pelerinage seroient
tenus de se présenter devant les magistrats à l'effet*

*d'obtenir des certificats, lesquels certificats ne
seroient point donnés aux mineurs, enfants de
famille, femmes mariées et apprentis, sans le con-
sentement de leurs pères, tuteurs, curateurs et maîtres, et qu'à faute pour les dits pélerins de pouvoir
représenter les dits certificats aux juges de police,
ils seront arrêtés et punis pour la première fois du
carcan, pour la seconde fois du fouet, par manière
de gastigation, et pour la troisième condamnés aux
galères comme gens vagabonds et sans aveu, etc., etc.*

Tous les sexes étaient égaux devant le carcan des
évêques.

Malgré les rigueurs de ces châtiments corporels,
les débauches qui s'abritaient sous le masque religieux continuaient leur cours et faisaient naître de
nombreux scandales, ainsi que le prouve une lettre
de la généralité de Bourges où nous voyons que le
fouet et les galères étaient encore appliqués aux femmes et aux enfants à la veille de la Révolution Française.

« Bourges, 8 novembre 1769.

« A Messieurs les officiers de la Munici-
« palité d'Issoudun.

« Les différents abus occasionnés, messieurs, par
« les pélerinages hors du royaume viennent de
« déterminer sa majesté de remettre en vigueur sa

« déclaration du 7 janvier 1686, et en conséquence
« je suis chargé de vous en donner connaissance et
« de vous prier de tenir la main à son exécution en
« ne donnant, sous aucun prétexte que ce soit, aucun
« certificat pour autoriser ces pélerinages. Je joins
« ici deux exemplaires de cette déclaration. Vous
« voudrez bien m'en accuser réception.

« Dabré de St-Maur ».

Il était défendu aux filles et aux femmes de qualité,
sous les peines les plus sévères, d'épouser un homme
du *menu peuple*. Un édit de Henri II, qui fut rigou-
reusement remis en vigueur par Henri IV et Louis
XV, frappait de mort les femmes qui cachaient leur
grossesse. Ces lois étaient souvent rappelées dans les
églises par l'autorité ecclésiastique, ainsi qu'on en
trouve de nombreuses preuves sur les vieux registres
déposés au greffe municipal.

*Je sousigné, greffier de la prévosté royale d'Issou-
dun, certifie que monsieur le curé de St-Cyr a dé-
posé au dit greffe le registre en forme semblable à
celluy cy-dessus et que mon dit sieur curé a fait les
publications de l'édit d'Henri quatre concernant
peine de mort contre les filles et les femmes qui
celleroient leur grossesse.*

*A'Issoudun, le neuf janvier mille sept cent trente-
six.*

Fornyer.

N'est-il pas poignant de constater que sous le puis-
sant régime des princes de l'église, on ne voit aucune
tentative pour adoucir la répression des abus et amé-
liorer les mœurs ? Les édits restent aussi farouches
au 18e qu'au 12e siècle. Pendant six cents ans la religion reste immuable comme ses carcans et ses galères. Mais l'esprit humain, fatigué de ce sombre régime, se soulève, et les citoyens réunis dans leurs comi-
ces proclament la fin de la terreur divine en 89.

Nous allons assister à un spectacle inconnu aux
chrétiens. Nous verrons comment les représentants
du peuple vont bannir les privilèges impies et les
supplices inhumains. Nous verrons de quelle tendre
sollicitude les républicains sont animés à l'égard des
femmes et des enfants. La bienfaisance va s'organiser.

Nous connaissons le langage royal : voici le langage républicain.

On lit au *Moniteur* de 1794 :

« Rapport sur les secours que doit accorder la
« République aux citoyens indigents, fait par Ba-
« rère, au nom du Comité de Salut public, en
« séance de duodi 22 floréal, an II (dimanche
« 13 mai 1794).

. . . .

« C'est sur l'humble chaumière que vous devez
« surtout porter vos regards ; c'est sur les habitants

« des campagnes pauvres que la rosée républicaine
« doit se répandre. Les asiles pour les femmes en-
« ceintes, les secours aux femmes qui allaitent leurs
« enfants, les enfants infirmes, orphelins ou mal-
« traités par la nature, auront des établissements
« pour recueillir les êtres faibles et abandonnés.

« Il faut organiser les secours à domicile pour
« les agriculteurs et les artisans invalides, ainsi que
« les mères et les veuves chargées d'enfants ; ce
« n'est que par les secours domiciliaires que vous
« porterez l'abondance et la sève à la racine de l'ar-
« bre social, et que vous le ferez prospérer.

« Oh ! combien ont de puissance sur les sens les
« fêtes nationales, lorsque l'humanité et la justice
« viennent y présider.

« Un grand livre va donc s'ouvrir dans chaque
« district au milieu d'une cérémonie civique. Le jour
« qui sera consacré au soulagement du malheur,
« conformément au décret rendu sur les fêtes na-
« tionales, la présence du peuple et des jeunes ci-
« toyens des écoles primaires. La justice nationale y
« inscrira les noms des vieillards indigents, des
« cultivateurs, des bergers et des artisans invalides
« pour leur assigner un secours.

« Sur ce grand livre de la bienfaisance nationale
« seront aussi inscrits les noms des mères et des

« veuves ayant des enfants : elles ont droit au se-
« cours de la République.

« Au milieu des émotions délicieuses que ce tra-
« vail pour l'indigence vient de vous donner, je ne
« peux m'empêcher, en terminant ce rapport, de
« vous exprimer une dernière pensée qui vient invo-
« lontairement affliger le cœur de tout homme qui
« jette ses regards sur l'état douloureux de cette
« partie de la société qui n'a d'autre dotation que le
« travail et la misère, d'autre espoir que l'emploi de
« ses forces et la mendicité.

« Si un tel abus pouvait être plus longtemps souf-
« fert, nous pourrions naturaliser parmi nous les
« préjugés des peuples barbares.

« Une relation de voyageurs nous montre à Ma-
« dagascar un préjugé dépopulateur qui règne au
« milieu de ce peuple doux, mais crédule et su-
« perstitieux

« Il compte presqu'autant de jours heureux que
« malheureux, et il immole impitoyablement tous
« les enfants qui naissent dans les jours réputés
« malheureux.

« Beniowski, le plus éclairé des hommes de Mada-
« gascar, sauva plusieurs de ces victimes du plus
« abominable préjugé, et les fit élever au fort appelé
« Dauphin, où ils vécurent et devinrent des hommes
« utiles.

« Cet exemple fit un si grand effet sur ces peupla-
« des ignorantes que toutes les femmes de Mada-
« gascar prièrent l'épouse de Beniowski de venir
« de l'Isle de France, où elle était retirée, pour
« qu'elles puissent prêter le serment de ne plus dis-
« tinguer les jours heureux des jours malheureux.
« L'épouse de Béniowski parut, et aussitôt toutes
« les mères, en présence de la nature, tenant leurs
« enfants dans leurs bras élevés vers le ciel, jurèrent
« unanimement de les nourrir tous indistinctement
« et avec un égal intérêt.

« La cérémonie fut auguste et touchante, et le ser-
« ment le plus pur qui se soit jamais élevé vers l'au-
« teur de la nature est celui des femmes de Mada-
« gascar dans cette circonstance digne d'être citée
« dans les annales de l'humanité.

« Combien plus touchante et plus auguste sera la
« cérémonie dans laquelle le malheur sera honoré,
« puisque les deux extrémités de la vie y seront
« réunies avec le sexe qui en est la force ! Vous y
« serez aussi, mères et veuves infortunées chargées
« d'enfants ! et ce spectacle est le plus beau que la
« politique puisse présenter à la nature et que la
« terre fertilisée puisse offrir au ciel consolateur.

« Représentants du peuple français, voilà un pas
« vers la destruction de la misère et l'amélioration
« du sort de l'espèce humaine. Jurons, nous aussi,

« de ne plus reconnaître de classes d'hommes vouées
« à l'infortune ou abandonnées à l'indigence ; jurons
« l'abolition de cette mendicité honteuse qui blesse
« la dignité de l'homme, offense la nature et l'hu-
« manité, flétrit les citoyens, déshonore toutes les
« administrations, et est incompatible avec le gou-
« vernement républicain.

« Ce serment des représentants du peuple fran-
« çais sera aussi saint que celui des femmes de
« Madagascar, et votre récompense sera dans tous
« les cœurs des habitants des campagnes et le bon-
« heur du peuple.

« La Convention nationale, après avoir entendu le
« rapport du Comité de Salut public, décrète :

« Il sera ouvert dans chaque département un
« registre qui aura pour titre : *Livre de la Bienfai-*
« *sance nationale.*

« Le second : *Artisans, vieillards ou infirmes.*

« Le troisième sera consacré *aux mères et aux*
« *veuves ayant des enfants dans les campagnes.* »

La Convention avait tué le roi le 21 janvier 1793.
Elle fit plus encore par l'adoption du rapport de
Barère ; elle substitua l'esprit de solidarité au régime
du carcan royal. La véritable mort des rois ? C'est
la fin des mœurs de la royauté.

En écoutant ce langage rédempteur, l'esprit du
peuple volait vers de nouveaux horizons ; il s'en-

flammait à la pratique des vertus civiques. Les femmes n'étaient pas moins ardentes que les citoyens pour seconder le Comité de Salut public, et en maintes circonstances, elles se distinguèrent par l'héroïsme de leur dévouement.

Voici sur ce sujet ce qu'écrivait Turreau, représentant du peuple près l'armée de l'Ouest, dans le passage d'une lettre qu'il adressait à la Convention, en date du 18 frimaire an II.

« Je rappelais aux citoyennes l'exemple de celles
« d'Angers qui, pendant l'attaque, portaient aux sol-
« dats des subsistances et qui, sur les remparts, dé-
« chiraient les cartouches et les présentaient à leurs
« maris : *nous en ferons autant, s'écriaient-elles ;*
« *plutôt la mort que de voir les brigands revenir*
« *dans nos foyers.*»

Les brigands qui menaçaient les femmes de Saumur et d'Angers étaient soudoyés par les nobles et les évêques auxquels l'histoire a donné le nom de *chouans.* Mais les femmes ne s'enthousiasmaient pas moins pour les lois sur l'instruction publique et généralement tout ce qui avait trait à la bienfaisance nationale. On lisait tous les jours à la tribune de la convention des pétitions signées par des femmes qui réclamaient l'instruction.

« Ce qui doit fixer votre attention, disait Thurjot, ç'est l'organisation publique. La France entière vous

la demande, on ne vous présente pas une seule péti-
tion où ce vœu ne soit exprimé ».

Il est vrai que de nombreux décrets avaient paru
depuis 1791 sur l'instruction publique ; mais ce fut
réellement en l'an II que fut décrétée l'instruction
primaire laïque, gratuite et obligatoire pour les deux
sexes, ainsi que le constate le projet présenté à la
Convention, au nom du Comité de salut public, par
Lakanal, en séance du 26 juin 1793, dont voici quelques principaux articles :

« Article Ier. — Les écoles ont pour objet de don-
« ner aux enfants, de l'un et l'autre sexe, l'instruc-
« tion nécessaire aux citoyens français.

« Art. V. — Chaque école nationale est divisée en
« deux sections, une pour les garçons, l'autre pour
« les filles. En conséquence, il y a un instituteur et
« une institutrice.

« Art. XXII. — L'éducation donnée aux enfants
« est en même temps intellectuelle, physique et in-
« dustrielle, en un mot elle comprend tout l'homme.

« Art. XXV. — Les élèves des écoles nationales
« sont instruites dans les exercices les plus propres
« à entretenir la santé du corps. »

Il fut ajouté de nombreux articles qui confirment
l'égalité des sexes à l'école nationale :

« On forme les enfants à soulager, dans leurs tra-

« vaux domestiques et champêtres, les vieillards, les
« pères de famille, les veuves et les orphelins qui ont
« besoin de secours, ainsi qu'à travailler pour le sol-
« dat qui quitte son foyer, son champ, son atelier
« pour la défense commune.

« Les filles s'occupent des mêmes objets d'ensei-
« gnement, et reçoivent la même éducation que les
« garçons, autant que leur sexe le comporte ; mais
« elles s'exercent plus particulièrement à la couture
« et aux travaux domestiques. »

« Il y a incompatibilité entre les fonctions de
« l'instituteur et le service, de quelque manière
« qu'on l'entende, d'un culte quelconque.

« L'enseignement et tous les exercices des écoles
« sont publics et gratuits, et tous ceux qui y sont
« employés seront salariés par la nation.

« Les pères, mères, tuteurs ou curateurs seront
« tenus d'envoyer leurs enfants ou pupilles aux
« écoles du 1er degré d'instruction. Ceux qui ne se
« conformeront pas à la loi seront dénoncés au tri-
« bunal de police correctionnelle. Ils seront con-
« damnés pour la première fois à une amende égale
« au quart de leurs contributions. En cas de réci-
« dive, l'amende sera double.

« Les instituteurs et les institutrices ne devront
« recevoir aucune gratification, sous peine d'être
« destitués. »

Les législateurs n'avaient pas oublié les exercices corporels, qu'ils considéraient comme un excellent moyen d'éducation nationale, en vertu de cette pensée de Vauvenargues : « Il faut entretenir la santé du corps pour conserver celle de l'esprit. » Ils avaient banni les châtiments corporels comme un outrage à la nature.

Mais tous ces décrets ne devaient être que des jalons pour l'avenir. Les évènements ne permirent pas aux conventionnels de mettre leurs lois à exécution. La mort faucha leurs rangs avant l'heure naturelle, car les partis luttaient avec frénésie pour s'emparer du pouvoir. Mais leur parole avait été recueillie par la nation.

Nous avons dit, dans notre discours des prix du collége, au milieu de quelle fournaise le Comité de Salut public fit décréter l'instruction publique. Nous voulons montrer comment les citoyens exécutèrent, de leur propre initiative, les vœux de nos conventionnels. Nous ne sortirons pas de la ville d'Issoudun pour cela.

On lit dans l'almanach de l'Indre, publié par M. Jabre, imprimeur à Issoudun, une annonce de l'an IV qui informe le public que la ville d'Issoudun possède deux instituteurs pour les garçons et deux institutrices pour les filles. Ils promettaient simplement d'enseigner la lecture et l'écriture ; mais ils ne promettaient que cela. Cependant, les habitants d'Issoudun doivent conserver un souvenir de reconnaissance envers ces modestes pionniers de l'instruction de l'an IV. Ils entretenaient le feu sacré des citoyens.

Ce fut plus de vingt ans après les décrets de la Convention que fut ouverte, à Issoudun, la première école communale laïque des garçons, sous le nom très significatif d'*Ecole mutuelle*. Cette école fut installée dans un ancien couvent qui sert de caserne aujourd'hui. Mais l'école communale des filles ne fut ouverte qu'en 1840. En voici l'histoire intéressante à plus d'un titre :

« Dans la séance du 13 août 1837, le maire donne lecture au conseil municipal d'Issoudun d'une délibération du comité d'instruction primaire, laquelle demande au conseil d'allouer à l'institution des sœurs une somme de quatre cents francs.

« Le conseil, après en avoir délibéré :

« Considérant que sous un gouvernement constitutionnel, et sous lequel la liberté des cultes est reconnue, il ne paraît pas convenable qu'une commune fasse des sacrifices spéciaux pour une congrégation religieuse, afin de livrer l'enseignement public à cette congrégation ;

« Passe à l'ordre du jour :

« Mais, reconnaissant la nécessité d'établir dans la

ville une école gratuite de travail et de lecture pour les enfants du sexe féminin de la classe indigente, renvoie l'examen de ce projet d'établissement à la première commission. »

Il est donc avéré par ce document ineffaçable que la providence s'est servie de l'intermédiaire de bonnes religieuses pour rappeler aux conseillers municipaux de la ville d'Issoudun les principes que le Comité de salut public fit adopter par la Convention nationale en matière de l'éducation civique des filles.

(Méditez ! méditez, ô vous qui osez lancer vos traits contre l'instruction laïque au nom de Dieu et des saints) !

La pensée des bonnes sœurs porta ses fruits. Dans la séance du 11 avril 1839, le conseil municipal décide la création d'une école de filles. Enfin, dans la séance du 9 février 1840, le conseil fixe l'ouverture de l'école communale laïque et gratuite au 24 juin suivant, sous le nom d'*École mutuelle de filles.*

Le principe de l'égalité de l'instruction pour les deux sexes recevait son application plus de quarante ans après qu'il eut été voté par la Convention. Ce triomphe tardif n'échappe pas aux partisans de l'ignorance gratuite et obligatoire pour les deux sexes. Ils ne s'étaient jamais endormis ; mais ils redoublèrent d'activité pour apporter des entraves au fonc-

tlonnement légal des écoles républicaines. Ne pou-
vant les détruire d'un seul coup, ils s'attaquèrent
d'abord au principe de la gratuité et gagnèrent une
bataille qu'il ne faut pas passer sous silence. Elle
contient une leçon.

En 1859, le conseil municipal, en séance du 6 février, prit une délibération ainsi concue, sous la présidence de M. Daussigny, maire : « Le conseil est
« d'avis que le taux de la rétribution scolaire à payer
« pendant l'année 1860, dans les écoles communales
« et dans celle des frères de la doctrine chrétienne,
« subventionnée par la ville, soit fixée à 1 fr. 50 pour
« les classes supérieures, et à 1 fr. pour les petites
« classes. »

La *main noire* triomphait. Le parti hostile à l'enseignement civique avait eu raison de la gratuité. Il
est certain que l'esprit libéral des conseillers municipaux de la séance du 13 août 1837 avait disparu
sous l'influence de la congrégation.

Mais il était écrit que les idées républicaines
reprendraient leur revanche. Ce que le conseil
municipal de 1859 avait brisé, celui de 1871 devait
le rétablir ; cependant nous étions alors sous un
régime dont les ministres étaient plus royalistes
.que Chambord : *nous ferons la République sans
républicains*, disaient-ils alors sur le ton aigu des
proscripteurs.

Mais les mœurs sont plus fortes que les ministres ; c'est pourquoi la République a fait triompher
le principe de l'égalité des femmes devant l'instruction.

La femme a plus gagné que l'homme sous la
puissante évolution qui prend sa source dans les
décrets de l'an II. Elle a été la grande bénéficiaire,
et pourtant la plupart des femmes ignorent encore
à qui elles doivent ce qu'elles sont aujourd'hui. Il
faut qu'elles sachent que c'est au génie du Comité
de salut public de l'an II qu'elles doivent d'être
sorties de l'état misérable contre lequel s'élevait
lui-même l'évêque Fénélon. Et, quand nous voyons
des femmes se retourner contre l'éducation républicaine, elles nous rappellent ces enfants dont parle
Labruyère : « ces enfants drus et forts d'un bon lait
qu'ils ont sucé et qui battent leurs nourrices.» — Il
convient de dire que l'ingratitude des femmes
est due à l'ignorance, ou fausse éducation. C'est
pour détruire l'ignorance, mère de toutes les misères
sociales, que les écoles sont ouvertes pour propager
la science basée sur la vérité. « *La science sans
conscience n'est que ruine de l'âme* », dit Rabelais,
le premier de nos républicains.

Vous savez combien la nature se révolte lorsqu'un
enfant bat sa mère ; il doit en être de même dans la

société lorsqu'un citoyen maltraite la République, ce sera notre dernier mot sur ce sujet.

Mesdames, Mesdemoiselles,

Nous avons commencé ce modeste entretien par le nom de *François Habert d'Yssouldun, en Berry,* l'un de nos premiers poëtes français ; nous le terminerons par celui d'une femme qui est notre contemporaine : nous avons nommé Mme Zulma Carraud, dont la célébrité vous est bien connüe.

Madame Estelle-Zulma Tourangin, épouse de M. Carraud, est née à Issoudun le 24 mars 1796. Ses écrits ont été généralement adoptés par toutes les maisons d'éducation des deux sexes. Peut-être même que leur succès eut été plus grand encore si la note eut été moins mystique. Mais ce que nous a donné Madame Carraud suffit à prouver que, dans certains cas, les femmes sont supérieures à la plupart des hommes. Nous vous lirons une historiette qui vous permettra de goûter l'esprit aimable et moralisateur de notre chère compatriote. Elle porte pour titre :

LES TARTELETTES

Pierrette avait une marraine qu'elle aimait beaucoup. Elle conçut le projet de lui faire cadeau d'une paire de pigeons qu'elle avait élevés avec tendresse.

Le jour de la fête de sa marraine, Pierrette mit ses plus beaux habits et fit un gros bouquet de fleurs de son jardin, puis elle partit toute seule pour aller lui porter ses pigeons.

Elle trouva grande compagnie. La marraine trouva les pigeons charmants ; elle embrassa Pierrette et la fit placer à côté d'elle, afin qu'elle goûtât de toutes les bonnes choses qui étaient sur la table.

Quand la petite voulut s'en retourner chez sa mère, on lui donna trois tartelettes : une pour elle, et les deux autres pour ses petits frères. On les enveloppa dans un papier très propre, et Pierrette les porta à la main.

En passant le long d'un ruisseau, Pierrette trouva quatre petits !garçons qui pêchaient des écrevisses. Elle ne s'arrêta pas pour les regarder, parce que sa maman lui avait défendu de parler aux petits garçons et de jouer avec eux. Le plus grand des quatre, qui avait bien douze ans, lui dit :

— Tu es bien fière, toi ? Pourquoi ne nous dis-tu rien en passant ?

— Je la ferai bien parler, moi, dit un tout petit.

Alors Pierrette, qui commençait à avoir peur, se mit à courir de toutes ses forces. Les gamins la poursuivirent en lui jetant de la boue d'abord; puis des pierres ; et, comme elle ne s'arrêtait pas, le plus grand courut plus fort qu'elle et se mit en travers de son chemin.

— Tu vas me donner ce que tu tiens, dit-il, et tout de suite !

Pierrette se mit à pleurer.

Le plus petit de la bande, qui en était aussi le plus mauvais, lui arracha le papier et l'ouvrit.

— Tiens ! tiens ! des tartelettes ! où les a-t-elles volées, cette pleurnicheuse ?

— Je n'ai pas volé les tartelettes, dit Pierrette, c'est ma marraine qui me les a données ; c'est pour mes petits frères, ma marraine l'a dit.

— Ça m'est bien égal, dit un des petits drôles : ça ne m'empêchera pas de les manger.

— Ni moi non plus, ajouta le plus petit, je me moque pas mal de ta marraine, de tes frères et de toi.

Pierrette, bien désolée de n'avoir plus ses tartelettes, continua son chemin en tournant la tête de temps en temps.

Les méchants enfants ne tardèrent pas à se disputer, car chacun voulait avoir une tartelette ; et comme il n'y en avait que trois et qu'ils étaient quatre, cela n'était pas possible ; ils se les arrachèrent et les eurent bientôt mises en miettes, puis ils finirent par se jeter des pierres ; l'un d'eux fut blessé au front. Quand Pierrette vit le sang du vilain enfant couler, elle ne pensa plus à ses tartelettes et elle plaignit le pauvre blessé ; puis elle comprit combien sa mère avait raison en lui disant que les méchants ne s'accordent jamais entre eux.

Ce récit ne paraît qu'une histoire enfantine et villageoise ; mais les petits faits les plus vulgaires cachent souvent de grandes moralités. Les mauvaises passions s'exercent à la ville comme au village sous un aspect plus raffiné en apparence, mais plus hideux encore. On y voit les hommes à double visage, les voleurs, les meurtriers, les calomniateurs et les insulteurs publics à gage, faire alliance pour commettre tous les méfaits, puis ensuite se battre et se déchirer eux-mêmes, car ainsi que l'a dit la bonne madame Carraud : « les méchants ne s'accordent jamais entre eux. » Nous en avons eu un récent exemple en Berry.

La petite Pierrette, dépouillée par quatre vauriens, nous offre l'image de la République qui fut aussi dépouillée de ses tartelettes, c'est-à-dire du bien du peuple, de ses droits civiques, de sa liberté, de son épargne, et enfin de tout ce qui contribue à embellir le foyer des citoyens.

Les quatre mauvais sujets qui se sont acharnés contre le bien public, se nomment Napoléon, Bourbon, Orléans et Sans-Nom. Ce dernier se montra toujours le plus agressif et le plus cruel. Il est aussi le plus hypocrite et change de costume et de visage selon qu'il convient à la réussite de ses entreprises. La discorde est son élément naturel.

Or il arriva que tantôt l'un, tantôt l'autre, chacun des bandits montait sur le trône à tour de rôle, c'est-à-dire à la suite de grands égorgements et de ruines.

Mais ils s'affaiblirent mutuellement au milieu de cés luttes continuelles et se perdirent dans l'esprit de la nation qui les mit dans l'impossibilité de nuire davantage.

La République ayant repris ses droits, son premier acte fut de réparer les ruines dont ses ennemis avaient couvert la France. Elle rendit le bien pour le mal.

Elle ouvre des écoles pour les enfants des travailleurs. Soyez ardentes à recueillir les trésors qu'elle vous offre ici, mesdemoiselles, ils feront le charme de toute votre existence et de vos familles.

Travaillez; enrichissez votre intelligence. Celui qui orne son esprit enrichit également son foyer. Suivez affectueusement les leçons de vos bonnes maîtresses, le travail sera plus léger et plus fructueux.

Travaillez, cultivez votre esprit, ainsi que l'a dit la bonne madame Carraud dans un de ses petits livres remplis de grandes pensées : « Les enfants ont tous de l'intelligence, plus ou moins ; si par l'étude, ils

nourrissent et fortifient celle qu'ils ont reçue en partage, ils pourront alors l'appliquer à toutes choses.
L'esprit est comme le feu ; il a besoin d'être conti-
nuellement excité pour acquérir toute la force dont
il est susceptible ; et l'étude fait absolument sur lui
l'effet que produit le soufflet sur le feu.

Nous avons prouvé que le génie des femmes est
profond et gracieux.

Notre tâche est terminée.

FIN.